W0293732

Henri J. M. Nouwen

Der Spiegel des Jenseits

Henri J. M. Nouwen

Der Spiegel des Jenseits

Gedanken um Tod und Leben

Herder
Freiburg · Basel · Wien

Titel der amerikanischen Originalausgabe:
Beyond the Mirror
Reflections on Death and Life
The Crossroad Publishing Company, New York, N. Y.
© Henri J. M. Nouwen, 1990

Ins Deutsche übertragen von
ROBERT JOHNA

Alle Rechte vorbehalten – Printed in Germany
© Verlag Herder Freiburg im Breisgau 1990
Herstellung: Freiburger Graphische Betriebe 1990
ISBN 3-451-21869-0

Inhalt

Einführung

Dieses Buch enthält die geistliche Geschichte eines Unfalls, der mir selbst zugestoßen ist. Ich habe sie aufgeschrieben, weil mir keine andere Wahl blieb. Mein Unfall brachte mich an die Schwelle des Todes und führte mich zu einer neuen Gotteserfahrung. Darüber nicht geschrieben zu haben, wäre einem Verrat an meiner Berufung gleichgekommen, Gottes Gegenwart immer und überall zu verkünden. Das Schreiben von Büchern und Beiträgen ist für meine Suche nach Gott immer wichtig gewesen, doch waren es gerade die Einschnitte in mein gewohntes Leben, die mir das göttliche Geheimnis, von dem ich ein Teil bin, am meisten enthüllten.

Eine lange Zeit des Alleinseins und der Stille in einem Trappistenkloster, die solch einen Einschnitt in mein geschäftiges Leben als als Universitätslehrer mit sich brachte; der plötzliche Tod meiner Mutter, der einen Einschnitt in die engste Verbindung mit meiner Familie bedeutete; eine Begegnung mit der Armut in Lateinamerika, die zu einem tiefen Einschnitt in ein recht angenehmes Leben im Norden wurde; ein Ruf, mit geistig Behinderten zusammenzuleben, der eine Universitätslaufbahn abschnitt; das Scheitern einer tiefen Freundschaft, das sich als Einschnitt in ein wachsendes Gefühl innerer Geborgenheit erwies – all diese Ereignisse stellten mich immer wieder unabweisbar vor die Frage: Wo ist Gott, und wer ist Gott für mich?

Jeder einzelne dieser Einschnitte erwies sich als Gelegenheit, jenseits der normalen Wirkmuster des täglichen Lebens tiefere Zusammenhänge als die früheren Absicherungen meines körperlichen, seelischen und geistlichen Wohlbefindens zu entdecken. Jeder einzelne Einschnitt in meinem Leben lud mich dazu ein, meine Identität vor Gott neu zu betrachten. Jeder Einschnitt nahm mir etwas weg, wie er mir zugleich etwas Neues gab: jenseits des Erfolgs als Universitätslehrer fand ich den inneren Frieden des Alleinseins und der Gemeinschaft; jenseits der Bindung an meine Mutter erkannte ich die mütterliche Gegenwart Gottes; jenseits der Annehmlichkeiten des Lebens in Nordamerika entdeckte ich das Lachen der Kinder Gottes in Bolivien und Peru; jenseits meiner Universitätslaufbahn sah ich die Berufung, Gott in denen zu berühren, deren Geist und Körper gebrochen sind; jenseits einer fürsorgenden Freundschaft erfuhr ich die Gemeinschaft mit Gott, der nach jedem Teil meines Herzens verlangte.

Kurz gesagt, jenseits der vielen „gesellschaftlichen Einrichtungen", die zu einem angenehmen Leben beitragen, liegen die vielen Möglichkeiten einer Beziehung zum Gott Abrahams und Saras, Isaaks und Rebekkas, Jakobs, Leas und Rachels, zum Vater Jesu, dessen Name „Liebe" ist.

Diese vielen Einschnitte, die mich zu etwas „Jenseitigem" riefen, zwangen mich zum Schreiben. Zuerst nur so, ohne weitere Absicht, weil mir das Schreiben als der einzige Weg erschien, bei all den erschreckenden und oft zerstörerischen Einschnitten nicht das Herz zu verlieren und an meinem innersten Ich festzuhalten, während ich von bekannten zu unbekannten Orten unterwegs war. Schreiben half mir, mitten in der Unruhe etwas Konzentration zu bewahren und die leise, wegweisende Stimme des Geistes Gottes unter den Mißklängen ablenkender Stimmen besser wahrzunehmen.

Doch gab es immer auch einen zweiten Beweggrund: Irgendwie glaubte ich, daß Schreiben ein Weg war, etwas von dauerndem Wert aus den Schmerzen und Ängsten meines kleinen, schnell vergehenden Lebens hervortreten zu lassen. Jedesmal, wenn das Leben von mir verlangte, einen neuen Schritt in unbekanntes geistliches Land zu tun, drängte es mich innerlich, meine Geschichte anderen mitzuteilen – vielleicht weil ich eine Begleitung brauchte, doch vielleicht auch als Ausdruck eines Wissens, daß es zu meiner innersten Berufung gehört, Zeugnis zu geben von den flüchtigen Ahnungen von Gott, die mir gewährt wurden.

Als ich am Straßenrand von einem Auto angefahren wurde und ich bald darauf mit der Möglichkeit rechnen mußte, an den Folgen dieses Unfalls zu sterben, spürte ich mehr als je zuvor, daß ich das, was ich damals erlebte, für andere leben mußte. Seitdem ich meine Gesundheit wiedererlangt habe und in der Lage bin, meine Geschichte zu erzählen, spüre ich, daß mir dieser Einschnitt in mein Leben, der der letzte hätte sein können, ein neues Wissen von Gott gegeben hat. Es stand in radikalem Gegensatz zu dem, was ich bis dahin erfahren hatte. Und so meine ich mehr denn je, darüber schreiben zu müssen und dieses Wissen, das ich nicht für mich allein behalten kann, einfach darzustellen.

Ich hoffe und bete, daß dieser flüchtige Blick hinter den „Spiegel des Jenseits" meinen Brüdern und Schwestern Trost und Hoffnung schenken wird; allen, die jeden Gedanken an ihren Tod verdrängen oder nur mit Angst und Zittern daran denken können, doch nie in Frieden.

I
Der Unfall

Zwei deutliche Eindrücke blieben mir von jenem Augenblick an einem dunklen Wintermorgen, als der Außenspiegel eines vorbeifahrenden Lieferwagens mich in den Rücken traf und am Straßenrand zu Boden schleuderte. Mir wurde dabei schlagartig klar, daß ich an einem Punkt angelangt war, von dem aus es kein Zurück mehr gab. Ich wußte nicht, wie ernst ich verletzt war, erkannte aber, daß etwas Altes zu Ende gegangen war und etwas Neues, noch Unbekanntes anzubrechen begann.

Als ich am Straßenrand lag und um Hilfe rief, neben mir der ununterbrochen rollende Verkehr, wußte ich von dem Augenblick an, da ich vom Spiegel getroffen wurde, daß es nicht bloß ein Unfall war. Später habe ich klarer einzusehen vermocht, welch begründetem, providentiellem und geheimnisvollem Plan dieser ganze Vorfall entsprach. Einstweilen ging es mir vor allem darum, daß Hilfe kommen sollte, wenn ich auch erkannte, daß etwas eigenartig „Gutes“ vor sich ging, wie ich da am Rand der Straße lag.

Hinter mir lag eine anstrengende Woche, in der es für mich eine Menge kleiner Dinge zu erledigen gab, nichts ungeheuer Wichtiges. Doch alles zusammen nahm jede Stunde meiner Zeit in Anspruch und machte mich ziemlich müde, ja sogar etwas gereizt. Nie schien sich der Spielraum zu bieten, in unmittelbaren Kontakt mit meiner inneren Quelle zu kommen. Jedoch mit einer Ausnahme: Ich war gebeten worden, Hsi-Fu, einem vierzehnjährigen, schwer behinderten Chinesen-Jungen, am Morgen beim Waschen und Ankleiden zu helfen, bevor er zur Schule gebracht wurde. Nathan und Todd, die sonst Hsi-Fu versorgten, waren nicht da, sondern nahmen an Einkehrtagen teil. Ich war sehr glücklich, sie vertreten zu dürfen. Tatsächlich sah ich es als einen Vorzug an, Hsi-Fu nahe sein zu können.

Hsi-Fu ist blind, kann weder sprechen noch gehen und ist körperlich schwer deformiert. Dennoch ist er so voller Leben und Liebe, daß mir allein das Zusammensein mit ihm hilft, mit dem in Berührung zu kommen, was dem Leben wirklich erst einen Inhalt gibt. Ihn zu baden, seine Zähne zu putzen, sein Haar zu kämmen und auch bloß seine Hand zu führen, wenn er etwas Essen auf den Löffel nehmen und es zum Mund bringen will, schafft ein Gefühl der Sicherheit und Vertrautheit, ein stilles Band, einen Augenblick wirklichen Friedens – es ist beinahe wie eine Stunde der Meditation. Schon am Montag-, Dienstag- und Mittwochmorgen hatte ich seine tägliche Betreuung übernommen und freute mich darauf, wieder mit ihm zusammenzusein.

Hsi-Fu lebt im sogenannten „Eckhaus" in der Innenstadt von Richmond Hill, fünf Auto-Minuten von dem Haus entfernt, in dem ich wohne. An diesem Donnerstagmorgen war ich schon früh aufgewacht und sah bei einem Blick aus dem Fenster, daß der Boden mit einer spiegelblanken Eisschicht überzogen war. Es war ganz offensichtlich unmöglich, die halbe Meile von meiner Wohnung in die Stadt hinein zur Yonge Street zu fahren. Der unbefestigte Weg glich mehr einer Rutschbahn als einer Straße zum Fahren. Jeder Versuch, das Auto zu benutzen, hätte im Straßengraben geendet.

Meine gute Freundin Sue ging gerade in die Kapelle zum Morgengebet, als ich mich auf den Weg machen wollte. Sie sagte zu mir: „Nimm bitte nicht den Wagen, es ist unmöglich!"

Ich erwiderte: „Nein, auf keinen Fall, ich gehe zu Fuß. Es ist ja erst sechs, und bis um sieben bin ich spielend an Ort und Stelle."

Darauf sagte Sue: „Henri, geh bitte nicht, es ist

zu weit und zu gefährlich! Ruf im ‚Eckhaus' an, sie werden eine andere Hilfe für Hsi-Fu finden."

Sofort spürte ich, wie ich mich innerlich dagegen wehrte, auf etwas zu verzichten, was ich sehr gern tun wollte. Nochmals sagte Sue: „Geh bitte nicht!"

Doch ich blieb hartnäckig: „Ich schaffe das schon. Ich habe es versprochen!"

So verließ ich das Haus und machte mich – auf der spiegelglatten Straße hin- und herrutschend – auf den Weg zur Yonge Street. Gehen war praktisch unmöglich. Es dauerte nicht lange, bis ich ausglitt und der Länge nach hinfiel.
Sofort sagte ich mir wieder: „Gib nicht auf, geh weiter! Du schaffst das. Laß dir doch das bißchen Eis nicht in die Quere kommen!"

Es war nicht allein mein Dienst, der mich jetzt anspornte, sondern auch der Wunsch, mir selbst zu beweisen, daß ich eine kleine Aufgabe erfüllen konnte; doch zugleich war es der noch größere Wunsch, mir von niemandem Hsi-Fu wegnehmen zu lassen, wenigstens nicht für diese Woche.

Als ich die Yonge Street erreicht hatte, stellte ich fest, daß ich fünfzehn Minuten für die kurze Strecke gebraucht hatte. Ich überquerte die Straße und ging Richtung Süden nach Richmond Hill. Während ich weiterging, bekam ich langsam Angst. Der Autoverkehr strömte an mir vorüber, und wenn auch die Straße selbst nicht vereist schien, waren die Fahrbahnränder doch sehr gefährlich. Ich rutschte wieder aus und konnte mich gerade noch fangen. Als ich an der Pioneer-Tankstelle ankam, war es halb sieben. Mir wurde klar, daß ich unmöglich um sieben Uhr im „Eckhaus" sein konnte.

In diesem Moment fuhr ein kleiner Lastwagen, in dem zwei Männer saßen, an die Tankstelle. Ich entschloß mich, sie zu fragen, ob sie mir helfen und mich vielleicht mitnehmen könnten. Ich klopfte an die Scheibe des Führerhauses, worauf sie der Beifahrer herunterließ.

„Guten Morgen", sagte ich, „wäre es Ihnen irgendwie möglich, mich in die Stadt mitzunehmen? Ich muß um sieben Uhr dort sein. Aber bei diesem Glatteis am Straßenrand schaffe ich das niemals. Mit dem Auto ist es eine Sache von drei Minuten."

Der Fahrer lehnte sich zu mir heraus und sagte: „Nein, wir können Ihnen nicht helfen. Wir sind eben angekommen, um die Tankstelle aufzuschließen. Wir haben jetzt keine Zeit."

Noch einmal wollte ich es versuchen: „Hören Sie, es sind doch nur ein paar Minuten, und ich traue mich wirklich nicht, bei diesem Glatteis weiterzugehen. Bitte, könnten Sie mir nicht helfen? Ich halte Sie nicht lange auf."

Doch wieder die gleiche Antwort: „Entschuldigen Sie, wir haben wirklich keine Zeit!"

Ich spürte, wie Wut in mir hochstieg und zugleich der seltsame Wunsch, diese Männer zu zwingen, mir zu helfen. Deshalb sagte ich: „Aber ich muß wirklich um sieben dort drüben sein" – dabei zeigte ich mit dem Finger in die Richtung –, „wo Sie den Kirchturm sehen, und ich schaffe das nicht, wenn Sie mir nicht helfen. Es ist doch im Augenblick niemand hier, der Sie braucht."

Der Fahrer begann, den Lieferwagen in die Parklücke zurückzustoßen und sagte: „Es tut mir leid, es geht nicht, wir haben keine Zeit! Wir müssen den Laden öffnen!"

Währenddessen kurbelte der Beifahrer die Scheibe des Führerhauses hoch, und ich stand allein da.

Schlagartig ergriff mich die Wut. Diese zwei völlig fremden Männer waren meine Feinde geworden. Ich spürte Empörung, ja sogar einen blinden Zorn von einem dunklen Ort tief in meinem Innern aufsteigen. Man wollte mich nicht verstehen, ich war zurückgewiesen, abgelehnt, stehengelassen worden. Ich fühlte mich wie ein im Stich gelassenes Kind. Als ich mich wieder auf den Weg machte, dem Straßenrand entlang, war mir klar, daß ich vorsichtig sein mußte, doch ich war es nicht.

Ich rutschte hin und her, während ein Auto nach dem anderen mit grellem Scheinwerferlicht an mir vorbeifuhr. Jetzt hatte ich es mir fest in den Kopf gesetzt, noch rechtzeitig an Ort und Stelle zu sein. Ich wollte es den beiden beweisen, daß ich es auch ohne sie schaffen könnte, daß ich sie eigentlich gar nicht brauche, daß andere mehr Verständnis und Hilfsbereitschaft zeigen würden als sie und daß ich letzten Endes im Recht war und sie im Unrecht.

Der Verkehr strömte ununterbrochen an mir vorbei. Von nun an drehte ich mich zu den mir entgegenkommenden Scheinwerfern um, hob die rechte Hand und deutete stadteinwärts nach Richmond Hill. Wagen um Wagen tauchte aus dem Morgendunst auf und entschwand bald wieder meinem Blick. Ich dachte daran, wie bequem all diese Männer und Frauen in ihren leeren Autos zur Arbeit fuhren, und fragte mich beleidigt, warum niemand von mir Notiz zu nehmen schien oder die geringste Neigung zeigte, anzuhalten, um mich dieses kurze Stück Weg mitzunehmen. Aus den zwei Feinden von vorhin waren viele geworden.

Ein merkwürdiger Zwiespalt beherrschte mich. Mein Verstand sagte mir klar, daß es unter diesen Umständen völlig wirklichkeitsfremd war, von einem vorbeifahrenden Autofahrer zu erwarten, er könne mich sehen und feststellen, daß ich Hilfe brauchte, um dann anzuhalten und mich in die Stadt mitzunehmen. Würde ich selbst frühmorgens um halb sieben Uhr bei diesem Glatteis zur Arbeit fahren, wäre ich dazu bestimmt ebensowenig in der Lage.

Trotzdem regte sich in mir zugleich diese innere Wut, steigerte sich dieses Gefühl der Zurückweisung, gab es diesen inneren Aufschrei: „Warum fahrt Ihr alle an mir vorbei, nehmt keine Notiz von meiner Bedrängnis und laßt mich allein am Straßenrand stehen?"

Die Einsicht, wie widersinnig meine Erwartungen waren, stieß sich mit meiner seltsamen Wut.

Schließlich sah ich ein, daß, um zum „Eckhaus" zu kommen, kein anderer Weg blieb, als zu Fuß zu gehen. Inzwischen war es jedoch später und damit unmöglich geworden, pünktlich um sieben Uhr bei Hsi-Fu zu sein. Wütend, nervös, innerlich erregt und mit dem fatalen Gefühl, sehr sehr töricht zu sein, ging ich schließlich auf der Yonge Street stadteinwärts weiter.

Ich hörte, wie mir Sue sagte: „Henri, es ist einfach zu weit ..."

Dann passierte es: Ein heftiger Schlag traf mich, ein seltsamer dumpfer Ton ging durch meinen Körper. Ich spürte einen stechenden Schmerz in meinem Rücken, stolperte, stürzte zu Boden, versuchte zu schreien. Sofort ging es mir durch den Kopf: „Hat es der Fahrer bemerkt, der dich angefahren hat, oder fährt er ahnungslos weiter, als wäre nichts geschehen?"

Doch auch ein anderer Gedanke drängte sich mir tief und nachhaltig auf: „Alles hat sich verändert. Keiner meiner Pläne zählte noch etwas. Es ist furchtbar, schmerzvoll ..., aber vielleicht ist alles gut so."
Wieder hörte ich Sues Worte: „Es ist zu weit, viel zu weit." Daraufhin war nichts mehr. Nur ich ... hilflos am Straßenrand. Dieses Gefühl, machtlos, vollständig ausgeliefert zu sein, bereitete mir keine Angst. Es war mir, als hätte mich eine starke Hand zum Stillstand gebracht und gleichsam zu einer schon lange notwendigen Ergebung gezwungen.

Als ich so am Boden lag, versuchte ich, die zwei Männer an der Tankstelle auf mich aufmerksam zu machen. Sie waren jedoch zu weit weg, um mich sehen oder hören zu können.

Darauf kam zu meiner Verwunderung ein junger Mann zu mir herbeigerannt. Er beugte sich über mich und sagte: „Kann ich Ihnen helfen. Sie sind doch verletzt." Seine Stimme klang sehr sanft und freundlich. Er erschien mir wie ein Schutzengel.

„Ein vorbeifahrender Wagen muß mich gestreift

haben", sagte ich zu ihm. „Ich weiß nicht einmal, ob es der Fahrer gemerkt hat."

„Das war ich", erwiderte er. „Ich habe Sie mit dem rechten Außenspiegel getroffen und habe angehalten, um Ihnen zu helfen ... Können Sie aufstehen?"

„Ja, ich glaube schon", sagte ich und kam mit seiner Hilfe wieder auf die Füße.

„Seien Sie vorsichtig, seien Sie sehr vorsichtig", ermahnte er mich. Zusammen gingen wir zur Tankstelle.

„Ich heiße Henri", sagte ich.

„Ich bin Jon", erwiderte er. „Ich will den Unfalldienst anrufen, damit ein Krankenwagen kommt."

Wir betraten die Tankstelle. Jon half mir in einen Sessel und griff hastig nach dem Telefon. Die zwei Tankwarte sahen aus dem Hintergrund zu, sagten aber nichts.

Nach einer Minute wurde Jon ungeduldig: „Ich bekomme keine Verbindung mit der Leitstelle. Es ist besser, ich bringe Sie selbst zum York-Central-Hospital."

Während er zu seinem Wagen hinausging, rief ich Sue an, um ihr zu berichten, was passiert war. Eine Minute später waren wir schon unterwegs zum Krankenhaus. Als ich zum rechten Seitenfenster hinausblickte, sah ich, daß der Rückspiegel verbogen war, und mir wurde klar, wie heftig ich getroffen worden war.

Ich sah Jon an, daß er aufgeregt war. Er fragte mich: „Warum stellen Sie sich auch an den Straßenrand; bei diesem Wetter!"

Ich wollte keine großen Erklärungen geben, sagte aber dann doch: „Ich bin Priester und lebe in einer Gemeinschaft mit geistig Behinderten. Ich war auf dem Weg zur Arbeit in eines unserer Häuser."

Sichtlich bestürzt erwiderte er: „Oh mein Gott, oh mein Gott, ich habe einen Priester angefahren und verletzt!"

Ich mochte John und versuchte, ihn etwas zu trösten: „Ich bin Ihnen sehr dankbar, daß Sie mich ins Krankenhaus bringen. Sobald es mir wieder besser geht, müssen Sie einmal unsere Gemeinschaft besuchen."

„Ja, das will ich gerne tun", gab er zur Antwort, doch seine Gedanken waren woanders.

II
Im Krankenhaus

Kaum waren wir in der Notaufnahme des Krankenhauses angekommen, umringte uns eine Schar von Schwestern, Ärzten, eine Polizistin, gab es Fragen und Antworten, Formulare, Röntgenaufnahmen. Die Menschen waren alle sehr freundlich, erfahren, kompetent und zielstrebig.

Der Arzt, der sich die Röntgenaufnahmen ansah, sagte: „Sie haben fünf Rippen gebrochen. Wir werden Sie einen Tag hierbehalten, danach können Sie wieder nach Hause gehen."

Daraufhin erschien ganz unerwartet ein mir sehr vertrautes Gesicht. Es war meine Hausärztin, Frau Dr. Prasad. Ich war überrascht, wie schnell sie ins Krankenhaus gekommen war. Sie zu sehen, gab mir das sichere Gefühl, in guten Händen zu sein. Doch gerade in diesem Augenblick, begann ich mich sehr schlecht zu fühlen. Mir wurde schwindelig und übel. Ich sah die betroffenen Gesichter der Ärzte und Schwestern, und innerhalb von Minuten war mir klar, daß mein Zustand wesentlich schlechter sein mußte, als ich gedacht hatte.

„Sie haben eine innere Blutung", sagte meine Hausärztin. „Wir müssen Sie genau beobachten."

Nach einer Reihe weiterer Untersuchungen, Blutproben und Gesprächen wurde ich auf die Intensivstation gebracht. Jon war inzwischen gegangen. Weil Sue wegen des Glatteises nicht das Haus verlassen konnte, hatte sie Robin angerufen – ein Mitarbeiter unserer Gemeinschaft – und ihn gebeten, mich zu besuchen. Er kam, ging aber bald wieder, um den anderen zu berichten, wie es um mich stand.

Nun konnte ich die Wahrheit auf mich wirken lassen. Es ging mir sehr schlecht, ja ich schwebte sogar in Lebensgefahr. Mit der Möglichkeit zu sterben konfrontiert, sah ich ein, daß der Spiegel des vorbeifahrenden Lieferwagens mich zu einer radikal neuen Sicht meiner selbst gezwungen hatte.

Außer wegen der einen oder anderen kaum nennenswerten Krankheit war ich noch nie im Krankenhaus gewesen. Doch jetzt, mit einem Schlag, war ich wirklich Patient geworden, ganz und gar abhängig von den Menschen um mich. Es war mir unmöglich, ohne fremde Hilfe etwas zu tun. Die Schläuche, an die ich an verschiedenen Stellen meines Körpers angeschlossen war, um intravenös Medikamente und Bluttransfusionen zu erhalten, wie auch zur Überwachung meiner Herz- und Kreislauftätigkeit, waren der sichtbare Beweis, daß ich einen Zustand wirklicher Passivität erreicht hatte. Weil ich meine Neigung zur Ungeduld kannte wie auch mein Bestreben, möglichst alles unter Kontrolle zu haben, rechnete ich damit, daß diese neue Lage für mich sehr zermürbend werden würde. Doch das genaue Gegenteil geschah. Ich fühlte mich in meinem Krankenbett mit den Gittern an beiden Seiten recht wohl.

Trotz meiner starken Schmerzen erfüllte mich überraschenderweise ein Gefühl der Sicherheit. Die Ärzte und Schwestern erklärten mir jeden Handgriff, den sie taten, nannten mir den Namen jedes Medikaments, das sie mir spritzten, warnten mich schon im voraus vor den einsetzenden Schmerzen und gaben sowohl ihrem Vertrauen als auch ihrem Zweifel über die Wirkung dessen, was sie unternahmen, Ausdruck.

Während der Ultraschalluntersuchung zeigte mir die Schwester, wie meine Milz auf dem Bildschirm aussah und erklärte mir, wo sie verletzt war und höchstwahrscheinlich blutete.

Die Schwester, die mir ein morphiumhaltiges Mittel zur Linderung der Schmerzen und zum Einschlafen gab, sagte: „Es wird etwa zwei Stunden wirken, danach werden Sie wieder etwas Schmerzen haben. Aber Sie werden dann noch eine Stunde warten müssen, bevor ich Ihnen die nächste Spritze geben kann."

Diese Direktheit, Offenheit, Freundlichkeit und ruhige Überlegtheit nahmen mir die Angst und gaben mir Kraft, mit meiner Lage fertig zu werden. Ich wußte durchaus, daß ich in Lebensgefahr schwebte, doch ich befand mich an dem für mich bestmöglichen Ort. Das Zusammenwirken von Mitgefühl und Sachverstand beseitigte alle Furcht. Ja mehr noch, die bloße Tatsache, daß ich von Menschen, die ich nicht kannte und die mich nicht kannten, mit so viel Würde und Respekt behandelt wurde, gab mir ein Gefühl großer Sicherheit. Obwohl ich völlig unselbständig war, behandelte mich dennoch jeder als vernünftigen Menschen, vor dem man keine Geheimnisse zu machen braucht. Ich durfte alles wissen, was ich wissen wollte und blieb dadurch ganz Herr über meinen eigenen Körper.

Nie hatte ich das Empfinden, daß Beurteilungen oder Entscheidungen, die mich angingen, getroffen wurden, ohne daß ich an ihnen beteiligt war. Dies gab mir ein tiefes Gefühl des Dazugehörens, ja sogar des Zuhauseseins. Ich kann mich kaum daran erinnern, jemals so umfassend versorgt und zugleich so ernstgenommen worden zu sein. Vielleicht war es dies, was mich mit so tiefer innerer Sicherheit erfüllte.

Es dauerte nicht lange, bis mich Sue besuchen kam. Sie wurde während der folgenden Tage meine wichtigste Verbindung mit der Außenwelt. Über sie hielt ich Kontakt mit der Gemeinschaft von Daybreak, sie erzählte mir von den Sorgen meiner Freunde, sie versicherte mich ihrer Gebete und hielt mich über die vielen kleinen Geschehnisse des Alltags zu Hause auf dem laufenden. Ihre häufigen Besuche waren für mich eine Stärkung. Wir sprachen ein bißchen miteinander, beteten viel und waren lange Zeit einfach still zusammen.

Ich muß das alles erzählen, um zu erklären, warum mich die Gefahr des Todes nicht erschreckte. Ich wußte, daß meine Milz immer noch blutete und daß mein Zustand weiterhin sehr kritisch war. Trotzdem erfaßte mich keine Panik, keine Angst, Furcht oder Sorge. Meine Reaktion überraschte mich selbst.

Wie oft schon hatte ich in der Vergangenheit große innere Angst und Unruhe empfunden, hatte mit quälenden Gefühlen des Zurückgestoßen- und Verlassenseins gelebt und war von lähmender Furcht und Angst beherrscht, deren Auslöser manchmal nur eine Kleinigkeit war. Ich hatte Furcht vor Menschen und vor dunklen Mächten gehabt. Ich kannte mich als sehr gespannten, empfindsamen und ängstlichen Menschen. Doch jetzt, im Angesicht des Todes spürte ich nur Friede, Freude und ein alles durchdringendes Gefühl der Sicherheit.

III
Die Operation

Am Freitagmorgen sagte Dr. Barnes, der leitende Chirurg, nach einer Reihe weiterer Untersuchungen: „Ihre Milz blutet nach wie vor, wir müssen sie entfernen."
„Wann?", fragte ich.

„Sobald der Operationssaal frei ist," gab der Arzt zur Antwort.

Kurze Zeit später besuchte mich meine Hausärztin Frau Dr. Prasad. Wieder spürte ich die drohende Gefahr des Todes. Deshalb bat ich sie: „Bitte sagen Sie es mir, wenn ich dem Tode nahe bin. Ich möchte mich wirklich auf meinen Tod vorbereiten. Ich fürchte mich nicht vor dem Sterben, doch möchte ich nicht ganz unerwartet aus dem Leben gehen."
Meine Hausärztin antwortete darauf: „Soweit ich weiß, besteht keine direkte Gefahr für Sie zu sterben. Aber wir müssen die Blutung zum Stillstand bringen. Deshalb müssen wir Ihre Milz entfernen. In ein paar Monaten werden Sie sich wieder erholt

haben. Auch ohne Milz werden Sie gut leben können."

Frau Dr. Prasad war sehr ehrlich und offen. Sie sagte mir alles, was sie wußte. Ich meinte jedoch zu spüren, daß ein tödliches Ende immer noch im Bereich des Möglichen lag und daß ich mich mit meinen Freunden auf den Tod vorbereiten mußte. Irgendwo tief in meinem Innern fühlte ich, daß mein Leben in ernster Gefahr schwebte. Und so bewegte ich mich auf einen Ort zu, an dem ich noch nie zuvor gewesen war: zur Pforte des Todes.

Ich wollte diesen Ort kennenlernen, ihn umschreiten und mich auf ein Leben nach diesem Leben vorbereiten. Es war das erste Mal in meinem Leben, daß ich diesen anscheinend schreckenerregenden Ort betrat; das erste Mal, daß ich einer neuen Weise des Seins entgegensah.

Ich versuchte, meine vertraute Welt loszulassen, meine Lebensgeschichte, meine Freunde, meine Pläne. Ich versuchte, nicht zurückzublicken, sondern nach vorn zu schauen. Ich hielt den Blick fest auf das Tor gerichtet, das sich mir öffnen sollte, um mir etwas zu zeigen, das alles übertraf, was ich bisher gesehen hatte.

Was ich dann erfuhr, hatte ich noch nie zuvor erfahren: Reine, bedingungslose Liebe. Besser gesagt – was ich erfuhr, war eine höchst persönliche

Gegenwart; eine Gegenwart die all meine Furcht beiseiteschob und mir sagte: „Komm, hab keine Angst. Ich liebe Dich." Eine sehr freundliche, gar nicht verurteilende Gegenwart; eine Gegenwart, die mich einfach bat zu vertrauen, ganz und gar zu vertrauen.

Ich zögere, einfach von Jesus zu sprechen, weil ich fürchte, der Name Jesu könnte nicht die volle göttliche Gegenwart erfassen, die ich erfuhr. Es war kein warmes Licht, kein Regenbogen oder offenes Tor, was ich *sah,* sondern eine menschliche und doch göttliche Gegenwart, die ich *fühlte* und die mich einlud, näherzutreten und all meine Furcht abzulegen.

Mein ganzes Leben war ich darum bemüht, Jesus nachzufolgen, so wie er mir durch meine Eltern, Freunde und Lehrer vertraut geworden war. Ich habe zahllose Stunden mit dem Studium der Heiligen Schrift verbracht, habe Vorlesungen und Predigten gehört wie auch viele geistliche Bücher gelesen. Jesus war mir sehr nah gewesen, doch zugleich sehr fern; ein Freund, aber auch ein Fremder; ein Grund der Hoffnung, aber auch eine Quelle der Angst, Schuld und Scham. Doch als ich jetzt das Tor des Todes umschritt, war alle Zweideutigkeit und Ungewißheit vergangen. Er, der Herr meines Lebens, war dort und sagte: „Komm zu mir, komm!"

Ich wußte ganz konkret, daß er für mich da war, doch auch, daß er das Universum umarmte. Ich wußte, daß er wirklich der Jesus war, zu dem ich gebetet und über den ich gesprochen hatte, doch zugleich, daß er jetzt nicht Gebete oder Worte von mir wollte. Alles war gut. Die Worte, die dies alles umfassen, heißen Leben und Liebe. Aber diese Worte waren in einer realen Anwesenheit Fleisch geworden. Der Tod verlor seine Macht und wich zurück vor dem Leben und der Liebe, die mich auf so innige Weise umgaben, so als schritt ich wie durch ein Meer, dessen Wasser zur Seite gedrängt worden waren. Ich wurde beschützt, als ich an das andere Ufer ging. Alle Eifersucht, aller Groll und Ärger waren sanft von mir genommen, und mir wurde gezeigt, daß Liebe und Leben größer, tiefer und stärker sind als all die Mächte, die mich geplagt hatten.

Ein Gefühl war sehr stark – das Gefühl, heimzukehren. Jesus öffnete sein Haus und schien mir zu sagen: „Das ist der Ort, wohin du gehörst."

Die Worte, die er seinen Jüngern gesagt hatte: „Im Haus meines Vaters gibt es viele Wohnungen ... ich gehe, um einen Platz für euch vorzubereiten" (Johannesevangelium 14,2), wurden Wirklichkeit. Der auferstandene Jesus, der nun bei seinem Vater wohnt, hieß mich nach einer langen Reise zu Hause willkommen.

Diese Erfahrung war die Verwirklichung meiner beständigsten und tiefsten Wünsche. Seit ich zu denken begann, hatte ich den Wunsch, Jesus nahe zu sein. Jetzt spürte ich seine Gegenwart in überaus faßbarer Weise, so als hätte sich mein ganzes Leben verdichtet, und ich wurde von Liebe umhüllt. Dieses Heimkommen war wirklich wie ein Zurückkehren, eine Rückkehr in den Schoß Gottes.

Der Gott, der mich im Verborgenen entworfen und mich in den Tiefen der Erde geformt hatte, der Gott, der mich im Mutterleib entstehen ließ, rief mich nach einer langen Reise zu sich zurück und wollte mich als den wiederaufnehmen, der Kind genug geworden war, um wie ein Kind geliebt zu werden. Ich spreche hier nur für mich und vertraue einfach darauf, daß ich im Angesicht des Todes eine sehr klare Schau hatte.

Dabei sträubte ich mich noch gegen den Ruf heimzukehren. Über dieses Widerstreben sprach ich mit Sue bei einem ihrer Besuche. Was sich bei mir am meisten dem Sterben entgegenstellte, war das Gefühl unerledigter Angelegenheiten, ungelöster Konflikte mit Menschen, mit denen ich lebe oder gelebt hatte. Der Schmerz über vorenthaltene Vergebung, die ich anderen und andere mir verweigert hatten, fesselte mich an meine verwundete Existenz.

Vor meinem inneren Auge sah ich die Männer und Frauen, die in mir Gefühle des Ärgers, der Eifersucht, ja des Hasses geweckt hatten. Sie besaßen eine seltsame Macht über mich. Wenn ich auch in ihren Gedanken gewiß keine Rolle mehr spielte, so verlor ich doch immer, wenn ich an sie dachte, etwas von meinem inneren Frieden und meiner inneren Freude. Ihre Kritik, ihre Ablehnung und ihre Äußerungen der persönlichen Abneigung beeinflußten noch immer mein Selbstwertgefühl. Weil ich ihnen nicht wirklich von Herzen vergeben hatte, verlieh ich ihnen eine Macht über mich, die mich an meine alte, zerbrochene Existenz kettete.

Ebenso wußte ich, daß es immer noch Menschen gab, die mir böse waren; Menschen, die nicht ohne feindliche Gefühle von mir sprechen oder an mich denken konnten. Dabei brauchte ich nicht einmal näher zu wissen, was ich ihnen getan oder zu ihnen gesagt hatte. Ja ich brauchte nicht einmal zu wissen, wer sie waren. Sie hatten mir nicht vergeben und hielten mich in ihrem Ärger fest.

Im Angesicht des Todes wurde mir klar, daß mich nicht Liebe am Leben festhielt, sondern ungelöster Ärger. Liebe, reine Liebe, die ich gebe oder die mir geschenkt wird, macht mich frei, zu sterben. Der Tod kann diese Liebe nicht zerstören.

Im Gegenteil, der Tod vermag sie nur zu vertiefen und zu stärken.

Die Menschen, die ich von Herzen liebe, wie auch alle, die mir zugetan sind, mögen meinen Tod betrauern, doch werden ihre Bindungen an mich dadurch nur fester und tiefer. Sie werden sich meiner erinnern, mich zum Teil ihres eigenen Lebensgefüges werden lassen und so meinen Geist auf ihrer Reise mitnehmen.

Nein, der eigentliche Kampf bestand nicht darin, geliebte Menschen verlassen zu müssen. Der eigentliche Kampf hatte etwas damit zu tun, Menschen zurückzulassen, denen ich nicht vergeben hatte und die mir nicht vergeben hatten. Dieses Empfinden hielt mich an meinen Leib gebunden und weckte in mir eine große Traurigkeit.

Mit einem Mal verlangte ich sehnlichst danach, alle Menschen an mein Bett zusammenzurufen, die mir böse waren, wie auch all jene, denen ich böse war. Ich wollte sie umarmen, sie um Verzeihung bitten und ihnen mein Verzeihen anbieten.

Der Gedanke an sie machte mir deutlich, daß sie eine Vielzahl von Meinungen, Urteilen und sogar Verurteilungen darstellten, die mich zum Sklaven dieser Welt gemacht hatten. Es schien geradezu, als hätte ich einen Großteil meiner Kraft darauf verwandt, mir und anderen zu beweisen, wie recht ich mit meiner Überzeugung hatte, daß einigen

Menschen nicht zu trauen war und daß andere mich ausnutzten oder mich beiseitezuschieben versuchten, und daß ganze Gruppen und Kategorien von Menschen meinen Ansprüchen nicht gerecht wurden. So hielt ich an der Illusion fest, ich sei dazu bestimmt, über menschliches Verhalten zu entscheiden und zu richten.

Als ich merkte, wie das Leben in mir schwächer und schwächer wurde, ergriff mich der tiefe Wunsch, zu vergeben und Vergebung zu erhalten, alle Urteile und Meinungen aufzugeben, um von der Last des Richtens befreit zu sein.

Ich sagte zu Sue: „Bitte sag doch allen, die mich verletzt haben, daß ich Ihnen von Herzen vergebe, und bitte jeden, den ich verletzt habe, auch mir zu vergeben."

Dabei spürte ich, wie ich die breiten Ledergurte ablegte, die ich als Kaplan im Range eines Hauptmanns während meiner Dienstzeit beim Militär getragen hatte. Solch einen Gurt trug ich nicht nur um meine Hüfte, Ledergurte kreuzten sich auch über meiner Brust und meinen Schultern. Sie waren das Zeichen für Geltung und Macht. Sie hatten mich darin bestärkt, über Menschen zu urteilen und ihnen ihren Platz zuzuweisen. Obwohl meine Dienstzeit in der Armee sehr kurz war, hatte ich diese Gurte innerlich nie ganz abgelegt. Doch jetzt wußte ich, daß ich mit diesen Gurten, die mich gefangen hielten, nicht sterben wollte. Ich mußte machtlos sterben, ohne Offiziersgurte, frei von jedem Urteilen.

Was mich während dieser Stunden am meisten beunruhigte, war der Gedanke, mein Tod könnte bei einem Menschen ein Gefühl der Schuld oder der Beschämung hervorrufen oder ihn geistig in der Luft hängen lassen.

Ich hatte davor Angst, daß jemand sagen oder denken könnte: „Ich wollte, es hätte eine Möglichkeit gegeben, unseren Streit beizulegen und auszusprechen, was ich wirklich fühlte. Eine Gelegenheit, sagen zu können, was ich wirklich dachte ... Ich wollte gern, doch jetzt ist es zu spät."

Ich weiß, wie schwer es ist, mit solch ungesagten Worten und verweigerten Gesten zu leben. Sie können unsere Dunkelheit vertiefen und zu einer Schuldenlast werden.

Ich wußte, daß mein Sterben für andere gut oder schlecht sein konnte, je nachdem, welche Wahl ich angesichts des Todes traf. So sagte ich wieder zu Sue: „Wenn ich sterben sollte, laß bitte jeden wissen, daß ich eine große Liebe für alle Menschen empfinde, denen ich begegnen durfte, daß ich auch die liebe, mit denen ich noch nicht versöhnt bin. Sag ihnen, daß sie keine Angst zu haben und sich nicht schuldig zu fühlen brauchen, sondern mich in das Haus meines Vaters gehen lassen sollen. Sie mögen darauf vertrauen, daß meine Gemeinschaft mit ihnen dort tiefer und inniger sein wird. Sag ihnen, daß sie sich mit mir freuen und für alles dankbar sein sollen, was Gott mir gegeben hat."

Das war alles, was ich tun konnte. Sue nahm meine Worte mit offenem Herzen auf. Ich wußte, daß sie sie Frucht bringen lassen würde. Sie sah mich liebevoll an und gab mir zu verstehen, daß alles gut war. Von da an überließ ich mich Jesus und fühlte mich sicher wie ein Küken unter den Flügeln seiner Mutter.

Dieses Gefühl der Sicherheit hatte etwas mit der Gewißheit zu tun, daß alle Angst an ein Ende gelangt war: die Angst, nicht die Liebe empfangen zu können, die ich gern empfangen wollte, und die Liebe nicht geben zu können, die ich sehnlichst zu geben wünschte; Angst, die das Gefühl des Verlassen- und Zurückgestoßenseins hervorruft.

Das viele Blut, das ich verlor, wurde zum Sinnbild der Angst, die mich viele Jahre hindurch geplagt hatte. Sie sollte ebenso aus mir herausfließen und ich sollte die Liebe erfahren, nach der ich mich aus ganzem Herzen gesehnt hatte. Jesus war da, um mir die Liebe seines Vaters anzubieten. Eine Liebe, die mein ganzes Verlangen war; auch eine Liebe, die mich fähig macht, alles zu geben.

Jesus selbst war von Angst ergriffen und hat sie durchlebt. Er kannte die Qual, das, was ihm das Höchste war, nicht geben oder empfangen zu können. Doch er ging durch diese Angst hindurch und vertraute darauf, daß ihn sein Vater, der ihn gesandt hatte, niemals allein lassen wird. Und nun war Jesus da. Er stand jenseits aller Angst und rief mich in „das andere Land".

Auch Maria, die Mutter Jesu, war da. Doch Ihre Gegenwart war viel weniger unmittelbar. Es schien, als wollte sie im Hintergrund bleiben. Zuerst war ich von der geradezu anfaßbaren Gegenwart Jesu so ergriffen, daß ich Maria kaum wahrnahm. Doch im Rückblick weiß ich, daß sie da war als liebevolle Zeugin der Begegnung meines Herzens mit dem Herzen ihres Sohnes.

Wie oft hatte ich gebetet: „ Maria, Mutter Gottes, bitte für uns Sünder jetzt und in der Stunde unseres Todes." Mir wurde bewußt, daß das „Jetzt" und „in der Stunde meines Todes" eine Einheit geworden waren. Ich wußte, daß sie da war, wenngleich sie nicht im Mittelpunkt stand.

Meine Schmerzen wurden so heftig, daß ich weder mit Worten beten noch viel denken konnte. Aber jedesmal, wenn die Krankenschwester mir meinen Rosenkranz mit den Perlen aus Holz in die Hände legte, empfand ich es als Trost. Ich konnte nicht mehr, als diese Perlen berühren. Doch schien es auch alles zu sein, was ich tun mußte, um zu beten. Es brauchte keine Worte, keine Gedanken, nur einfach berühren.

Als die Krankenschwestern mich auf meinem Bett in den Operationssaal schoben und dann mit ausgebreiteten Armen auf dem Operationstisch festschnallten, erfuhr ich einen großen inneren Frieden.

Ich sah in die verhüllten Gesichter und erkannte meine Hausärztin, Frau Dr. Prasad. Ich hatte nicht erwartet, daß man sie holen würde und war sehr glücklich, sie zu sehen. Ihre Anwesenheit gab mir das Gefühl, hier nicht unbekannt und in guten Händen zu sein.

Bald darauf interessierte ich mich dafür, wie man mich betäuben würde. Ich fragte danach, worauf die Schwester sagte, daß sie mir eine Spritze geben würde. Das tat sie dann auch. Es ist das letzte, woran ich mich erinnern kann.

Es dauerte ein paar Wochen, bis mir Frau Dr. Prasad Näheres über die Operation erzählte: „Als ich die Milz wie eine Insel in einem Meer von Blut sah, bekam ich Zweifel, ob Sie die Operation überleben würden. Sie hatten beinahe zwei Drittel ihres Blutes verloren. Wir waren uns nicht sicher, ob es uns gelingen würde, Sie am Leben zu erhalten. Aber Dr. Barnes konnte die Blutung zum Stillstand bringen und die Milz entfernen. Er hat Ihnen das Leben gerettet.“

Es zeigte sich, daß weder der Chirurg, Dr. Barnes, noch meine Hausärztin aufgrund der Untersuchungen das ganze Ausmaß der Blutung erkannt hatten.

Doch als ich wieder auf die Intensivstation zurückgebracht wurde, spürten alle, die bei der Operation mitgewirkt hatten, daß ich dem Tode knapp entkommen war. Kurz nachdem ich aus der Narkose erwachte, sagte mir eine der Krankenschwestern: „Sie können ihm wirklich sehr dankbar sein.“ Ich glaubte, daß sie dabei an den Operateur dachte. Doch als ich sie fragte, sagte sie, daß sie Gott meinte.

IV
Die Genesung

In den Tagen nach der Operation entdeckte ich mehr und mehr, was es bedeutete, dem Tod entgangen zu sein und bald wieder zu Kräften zu kommen. Während Sue und viele andere Besucher froh und dankbar waren, daß ich mich außer Lebensgefahr befand und es mir recht gut ging, mußte ich mich mit der einfachen Tatsache auseinandersetzen, in eine Welt zurückzukehren, von der ich mich schon losgelöst hatte.

Ich freute mich, am Leben zu sein, doch auf einer tieferen Ebene war ich irritiert und fragte mich, warum mich Jesus noch nicht heimgerufen hatte. Ja, ich war glücklich, wieder unter Freunden zu sein, aber dennoch mußte ich mich fragen, warum es für mich besser sein sollte, in dieses „Tal der Tränen" zurückzukehren. Ich war sehr dankbar zu wissen, daß ich noch länger mit meinen Angehörigen und meiner Gemeinschaft zusammensein könne, doch wußte ich ebenso, daß länger auf dieser Erde zu leben mehr Kampf, mehr Schmerz, mehr Angst und mehr Einsamkeit bedeuten würde.

Innerlich war es nicht einfach, die vielen Zeichen der Dankbarkeit für meine Genesung entgegenzunehmen. Es war mir unmöglich, in Worten auszusprechen: „Es wäre für dich besser gewesen, wenn ich gestorben wäre und mein Abschied von hier, dich näher zu Gott gebracht hätte." Und dennoch sagte mir dies etwa so mein Geist.

Meine vordringlichste Frage wurde: „Warum bin ich am Leben geblieben, warum wurde ich nicht bereit erfunden, in das Haus Gottes zu gehen; warum wurde ich aufgefordert, an einen Ort zurückgeschickt, an dem die Liebe so schwankend ist, an dem es schwer ist, Frieden zu erfahren, an dem die Freude sich so tief im Schmerz verbirgt?

Ich stellte mir diese Frage auf verschiedenste Weise, und mir war klar, daß ich in eine Antwort langsam hineinwachsen mußte. Wenn ich mein Leben in den noch vor mir liegenden Jahren lebe, wird mich diese Frage immer begleiten, werde ich sie niemals ganz auf die Seite schieben können. Es ist die Frage, die mich an den Kern meiner Berufung führt: daß ich mit dem brennenden Verlangen lebe, mit Gott verbunden und berufen zu sein, seine Liebe zu verkünden, während mir ihre Erfüllung noch versagt ist.

Die Begegnung mit dem Tod half mir, die Spannung besser zu verstehen, die zu dieser Berufung gehört. Es ist zweifellos eine Spannung, die nicht aufgelöst, sondern tief durchlebt werden muß, um fruchtbar zu werden. Was ich über das Sterben gelernt habe, ist, daß ich dazu berufen bin, für andere zu sterben.

Die ganz einfache Wahrheit besteht darin: Die Art und Weise, wie ich sterbe, betrifft viele Menschen. Wenn ich in großer Verärgerung und Verbitterung sterbe, lasse ich meine Familie und meine Freunde verwirrt, schuldbewußt, beschämt, mit lähmenden Gefühlen zurück.

Als ich den Tod auf mich zukommen sah, wurde mir plötzlich klar, wie sehr ich die Herzen derer, die zurückbleiben würden, zu beeinflussen vermochte. Wenn ich ehrlich sagen könnte, daß ich dankbar für alles war, was mir im Leben widerfahren ist; wenn ich danach verlangte, zu vergeben und Vergebung zu erhalten, wenn mich die Hoffnung erfüllte, daß alle, die mich lieben, in Freude und Frieden weiterleben würden; wenn ich darauf vertraute, daß Jesus, der mich ruft, all den Menschen zur Seite stehen würde, die in irgendeiner Weise zu meinem Leben gehört haben – wenn ich all das tun könnte –, dann würde ich in der Stunde meines Todes eine weit größere geistige Freiheit zeigen, als ich in all den Jahren meines Lebens sichtbar machen konnte.

In meinem tiefsten Innern erkannte ich, daß Sterben der wichtigste Akt des Lebens ist. Es stellt einen vor die Wahl, andere in Schuld zu fesseln oder sie in Dankbarkeit zu befreien. Diese Wahl entscheidet zwischen einem Tod, der Leben gibt, und einem Tod, der vernichtet.

Ich weiß, daß viele Menschen in der tiefen Überzeugung leben, für Verstorbene nicht das getan zu haben, was sie eigentlich hätten tun wollen. Und sie sehen keinen Weg, wie sie von diesem ständig schwelenden Schuldgefühl geheilt werden könnten. Der Sterbende hat die einzigartige Chance, all denen die Freiheit zu gewähren, die er zurückläßt.

Während meiner „Sterbestunden" konzentrierten sich meine stärksten Gefühle auf meine Verantwortung für alle, die meinen Tod beklagen würden.

Die Frage war: Würden sie in Freude oder in Schuld trauern, in Dankbarkeit oder in Gewissensqual? Würden sie sich verlassen oder befreit fühlen?

Einige Menschen hatten mich tief verletzt, einige waren von mir tief verletzt worden. Mein inneres Leben war von ihrem Leben geprägt worden. Es war eine wirkliche Versuchung, sie in Gram oder Schuld gefangen zu halten. Doch ebenso wußte ich, daß ich wählen konnte, sie freizugeben und mich ganz und gar dem neuen Leben in Christus hinzugeben. Mein inniger Wunsch, durch Jesus mit Gott vereint zu sein, entsprang keiner Verachtung menschlicher Beziehungen, sondern einer festen Überzeugung von der Wahrheit, daß in Christus zu sterben tatsächlich mein größtes Geschenk für andere sein kann.

So gesehen ist das Leben ein langer Pilgerweg der Vorbereitung: des eigenen Vorbereitens darauf, für andere zu sterben. Es ist eine Folge von kleinen Toden, bei denen von uns verlangt wird, die vielerlei Abhängigkeiten aufzugeben und beständig darauf hinzustreben, andere nicht mehr zu gebrauchen, sondern für sie da zu sein. Die vielen Stufen der Entwicklung, die wir von der Kindheit bis zur Jugend, vom Heranwachsen zum Erwachsensein und vom Erwachsensein zum Alter durchlaufen, geben uns immer neue Gelegenheiten, zu wählen, sich entweder für uns oder für andere zu entscheiden.

Während dieser Entwicklung stellen sich uns Fragen wie: Will ich beherrschen oder dienen? Will ich im Vordergrund stehen oder im Hintergrund verborgen sein? Will ich nach einer glanzvollen Karriere streben oder soll ich meiner Berufung treu bleiben? Diese Fragen verlangen von uns harte Entscheidungen.

In diesem Sinne können wir das Leben als einen

langen Prozeß des Absterbens von uns selbst ansehen; ein Prozeß, der uns fähig macht, in der Freude Gottes zu leben und der unser Dasein zu einem Dasein für andere werden läßt.

Wenn ich darüber im Lichte meiner eigenen Begegnung mit dem Tode nachdenke, wird mir klar, wie ungewohnt solch eine Denkweise ist, und zwar nicht nur für die Menschen, mit denen ich zusammenlebe und arbeite, sondern auch für mich selbst. Nur im Angesicht des Todes ging mir auf – und dies vielleicht nur sehr flüchtig –, was das Leben im Grunde bedeutet. Rein gedanklich hatte ich wohl verstanden, was der Begriff des „Absterbens von sich selbst" besagt, doch im Angesicht des Todes selbst schien mir nun seine volle Bedeutung aufzugehen. Als ich sah, wie Jesus mich rief, alles loszulassen und ganz darauf zu vertrauen, daß auf diese Weise mein Leben für andere Frucht bringen würde, wurde mir mit einem Mal klar, was meine tiefste Berufung seit je war.

Meine Begegnung mit dem Tod gab mir eine neue Einsicht in die Bedeutung meines physischen Todes und des lebenslangen Absterbens von sich selbst, das ihm vorausgehen muß. Daß ich dem Leben mit seinen vielen Kämpfen wiedergegeben wurde, empfinde ich als Berufung, die Liebe Gottes in neuer Weise zu verkünden.

Bisher habe ich von hüben nach drüben, von der Zeit her zur Ewigkeit hin, von der vergänglichen Wirklichkeit zu einer unveränderlichen Wirklichkeit, von der Erfahrung menschlicher Liebe her zur Liebe Gottes hin nachgedacht und gesprochen.

Aber nachdem ich „die andere Seite" berührt habe, meine ich, daß ein neues Zeugnis gefordert ist: Ein Zeugnis, das vom Ort der bedingungslosen Liebe zurück in eine Welt der Zweideutigkeit spricht. Das stellt eine solch grundlegende Veränderung dar, daß es sehr schwierig, wenn nicht gar unmöglich sein mag, die Worte zu finden, die die Herzen meiner Mitmenschen zu erreichen vermögen. Dennoch glaube ich, daß Worte die tiefsten Sehnsüchte des menschlichen Herzens hervortreten lassen und sie wachrufen müssen.

Ich höre von neuem die Worte Jesu beim Abschied von seinen Jüngern: „Heiliger Vater, ... sie sind nicht von der Welt, wie auch ich nicht von der Welt bin ... Wie du mich in die Welt gesandt hast, so habe auch ich sie in die Welt gesandt ... Heilige sie in der Wahrheit; Dein Wort ist Wahrheit" (Johannesevangelium 17,16–18).

Die Erfahrung der Liebe Gottes in den Stunden, da der Tod mir sehr nahe war, ließ mich in neuer Weise erkennen, nicht zu der Welt – den dunklen Mächten unserer Gesellschaft – zu gehören. Dieses Bewußtsein vertiefte sich in meinem Herzen und führte mich dazu, mich selbst, so wie ich bin, noch stärker anzunehmen: Ich bin ein Kind Gottes, Bruder Jesu. Ich stehe im Schutz der bergenden göttlichen Liebe.

Als Jesus von Johannes im Jordan getauft wurde, hörte er eine Stimme vom Himmel, die sprach: „Das ist mein geliebter Sohn, an dem ich Gefallen gefunden habe" (Matthäusevangelium 3,17). Diese Worte offenbaren die wahre Identität Jesu: Er ist der vom Vater Geliebte.

Jesus hat diese Stimme wirklich gehört, und all seine Gedanken, Worte und Taten entsprangen diesem tiefen Wissen, daß er von Gott unendlich geliebt wird. Jesus lebte aus dieser inneren Gewißheit der Liebe. Obwohl ihm Zurückweisung, Eifersucht, Ablehnung und Haß tief trafen, blieb er doch immer in der Liebe des Vaters verankert. Am Ende seines Lebens sagte er zu seinen Jüngern: „Die Stunde kommt, und sie ist schon da, in der ihr versprengt werdet, jeder in sein Haus, und mich werdet ihr allein lassen. Aber ich bin nicht allein, denn der Vater ist bei mir" (Johannesevangelium 16,32).

Jetzt weiß ich, daß die Worte, die zu Jesus während seiner Taufe gesprochen wurden, auch an mich und alle Brüder und Schwestern Jesu gerichtet sind. Meine Neigung zu Selbstablehnung und

Selbstunterschätzung macht es mir schwer, die Wahrheit dieser Worte zu vernehmen und sie in mein Herz eindringen zu lassen. Aber sobald ich diese Worte ganz erfaßt habe, bin ich vom Zwang befreit, mich der Welt beweisen zu müssen. Dann kann ich in ihr leben, ohne zu ihr zu gehören. Sobald ich die Wahrheit annehme, daß ich ein Kind Gottes bin und von ihm geliebt, bedingungslos geliebt, kann ich in die Welt gesandt werden, um wie Jesus zu sprechen und zu handeln.

Die große geistliche Aufgabe, die sich mir stellt, besteht darin, so uneingeschränkt darauf zu vertrauen, Gott zu gehören, daß ich in der Welt frei sein kann – frei, um zu sprechen, auch wenn meine Worte nicht gehört werden; frei, um zu handeln, auch wenn mein Tun kritisiert, belächelt oder als nutzlos angesehen wird; frei auch, um Liebe von Menschen zu empfangen und dankbar zu sein für alle Zeichen der Gegenwart Gottes in der Welt. Ich bin davon überzeugt, daß ich die Welt wahrhaft zu lieben vermag, wenn ich fest darauf vertraue, weit über ihre Grenzen hinaus geliebt zu sein.

Als ich nach meiner Operation wieder erwachte und merkte, daß ich noch nicht im Hause Gottes war, sondern weiterhin in der Welt lebte, nahm ich intuitiv wahr, gesandt zu sein: gesandt, um die allumfassende Liebe des Vaters den Menschen bekannt zu machen, die nach Liebe hungern und dürsten, diese Liebe aber in einer Welt suchen, in der sie nicht gefunden werden kann.

Ich verstehe jetzt, daß das „Bekanntmachen" nicht in erster Linie eine Frage der Worte, Argumente, der Sprache und Methoden ist. Es kommt hier vielmehr auf eine Art In-der-Wahrheit-Sein an, das weniger zu überreden versucht als glaubhaft zu vertreten. Es ist der Weg des Zeugnisses. Ich muß drüben, auf der anderen Seite, bleiben, während ich zurückgeschickt werde. Ich muß die Ewigkeit leben, während ich das Suchen des Menschen in der Zeit erforsche. Ich muß Gott gehören, während ich mich den Mitmenschen hingebe.

Nachdem ich die Ewigkeit berührt habe, erscheint es mir unmöglich, von ihr so zu sprechen, als ob es sie nicht schon hier gäbe. Jesus sprach von seiner innigen, unerschütterlichen Gemeinschaft mit dem Vater in der Welt und verband damit Himmel und Erde.

Zu Nikodemus sagt Jesus: „Was wir wissen, davon reden wir, und was wir gesehen haben, das bezeugen wir" (Johannesevangelium 3,11). Kann ich wie Jesus werden und bezeugen, was ich gesehen habe?

Ja, ich kann in Gott leben und zur menschlichen Wirklichkeit sprechen.

Ich kann im Unvergänglichen zu Hause sein

und dennoch die Bedeutung des Vergänglichen sehen.

Ich kann im Hause Gottes wohnen und dennoch in den Häusern der Menschen leben.

Mit dem Brot des Lebens gestärkt kann ich für das Recht derer eintreten, die aus Mangel an Nahrung verhungern.

Ich kann den Frieden kosten, der nicht von dieser Welt ist, und mich in den Kämpfen der Menschen engagieren, um Gerechtigkeit und Frieden auf Erden zu errichten. Ich kann darauf vertrauen, daß ich schon irgendwo angekommen bin und von dort teilnehme an meiner eigenen fortdauernden Suche nach Gott wie auch an der meiner Mitmenschen. Ich kann die Erfahrung, Gott zu gehören, als den Ort ansehen, an dem ich das schmerzliche Los menschlicher Heimatlosigkeit und Entfremdung erleben kann.

Dabei besteht jedoch die Gefahr, einer falschen Sicherheit, einem Trugbild von Klarheit zu erliegen, ja sogar einem Absolutismus oder Dogmatismus: es ist die alte Versuchung, Zwang auszuüben. Von der Ewigkeit in die Zeit hinein zu sprechen, kann leicht als unterdrückend aufgefaßt werden, da Antworten gegeben werden können, noch bevor Fragen gestellt sind.

Doch der Dienst Jesu war ganz und gar ein Dienst „von oben", ein Dienst, der in seiner Beziehung zu seinem Vater im Himmel ruhte. Alle Fragen, die Jesus stellte, alle Antworten, die er gab, jeder Widerspruch, den er weckte, wie auch der Trost, den er anbot, gründeten in seinem Wissen von der bedingungslosen Liebe seines Vaters.

Sein Dienst war nicht unterdrückend, da er aus seiner tiefen Erfahrung hervorging, ohne jeden Vorbehalt geliebt zu sein; auch war dieser Dienst keineswegs von einem persönlichen Bedürfnis nach Anerkennung und Bestätigung bestimmt. Er war vollkommen frei, eben deshalb, weil er nicht zur Welt gehörte, sondern ausschließlich zum Vater.

Jesu Dienst ist das Modell für jeglichen Dienst. Deshalb kann das Sprechen „von oben" niemals autoritär, manipulierend oder unterdrückend sein. Es muß in einer Liebe verankert sein, die nicht nur frei ist von den Zwängen und Besessenheiten, die das Verhältnis der Menschen untereinander oft vergiften, sondern auch frei, um menschlichem Leiden im Geist des Mit-Leidens und des Vergebens beizuwohnen.

Für mich stellt sich die Frage, ob mich die Begegnung mit dem Tod von den Abhängigkeiten dieser Welt weit genug befreit hat, um meiner Berufung treu bleiben zu können, die – wie ich jetzt sehe – von droben „gesandt" ist. Sie umfaßt zweifellos einen Ruf zu Gebet, Betrachtung, Stille, Einsamkeit und innerem Freisein.

Ich muß bei meiner Wahl bleiben, „nicht in der Welt zu sein", um zu ihr zu gehören; muß daran festhalten, nicht von hier unten zu sein, um von droben zu sein. Der Geschmack von Gottes uneingeschränkter Liebe verliert sich schnell, wenn die gewohnten Kräfte des Alltags wieder spürbar werden.

Die Klarheit über den Sinn des Lebens, die ich in einem Krankenhausbett gewonnen habe, verflüchtigt sich leicht, wenn die vielen täglichen Verpflichtungen wiederkehren und erneut das Leben beherrschen. Es bedarf größter Disziplin, ein Jünger Jesu zu bleiben, in seiner Liebe weiterhin verwurzelt zu sein und zu allererst von droben her zu leben.

Aber die Wahrheit meiner Erfahrung im Krankenhaus läßt sich nicht leugnen, auch wenn sie nur wie ein flüchtiger Blick auf eine strahlende Sonne hinter einem wolkenverhangenen Himmel war. Die vielen Wolken des Lebens können mich nicht länger dazu verleiten, abzustreiten, daß es die Sonne ist, die Licht und Wärme spendet.

Jesus sagt: „Ich bin der Weg, die Wahrheit und das Leben."

Über diese Worte brauche ich nicht mehr nachzudenken oder zu meditieren. Sie haben mich innerlich tief berührt und sind zur faßbaren Wirklichkeit geworden. In der Sicht dieser Wirklichkeit sind Menschen, Dinge und Ereignisse wirklich, da sie mit der Liebe und dem Leben Gottes in Verbindung stehen, wie es mir in Jesus sichtbar wurde. Ohne diese göttliche Verbindung verlieren die Menschen, die Dinge und Ereignisse schnell das Ewige und werden zu verblassenden Träumen und flüchtigen Wunschbildern.

Sobald ich den Kontakt mit Gott verliere, der Wahrheit, Leben und Licht ist, verstricke ich mich wieder in den unzähligen alltäglichen „Realitäten", die sich mir so darstellen, als besäßen sie endgültigen Wert. Wenn ich nicht ausdrücklich und ganz bewußt versuche, Gott im Innersten meines Herzens zu bewahren, wird es nicht lange dauern, bis meine Erfahrungen im Krankenhaus kaum mehr als eine fromme Erinnerung sind.

Die Art, wie meine Freunde auf meine Genesung reagierten, ließ mich darüber nachdenken, wie Leben und Tod in unserer Gesellschaft aufgefaßt werden. Einmütig gratulierten sie mir zur wiederhergestellten Gesundheit und sprachen ihre Dankbarkeit dafür aus, daß es mir wieder so gut ging. Obwohl ich ihnen für ihre Aufmerksamkeit und Zuneigung sehr dankbar war, ließ mich doch die Begegnung mit Gott während der Stunden in unmittelbarer Nähe des Todes darüber nachdenken, ob es für mich tatsächlich das beste war, daß es mir „wieder besser ging".

Wäre es nicht besser gewesen, von dieser zweideutigen Welt vollständig befreit worden und in die volle Gemeinschaft mit Gott heimgekehrt zu sein?

Wäre es nicht besser gewesen, diese vergängliche Welt verlassen zu haben, um in der unbestechlichen Wirklichkeit Gottes die letzte Sicherheit zu finden?

Wäre es nicht besser gewesen, ans Ziel gelangt zu sein als weiter auf dem Weg?

Niemand, der mir einen Brief schrieb, mich anrief, mir Blumen schickte oder mich besuchte, schien so zu denken. Es überraschte mich nicht; ich hätte auf die Krankheit eines Freundes genauso reagiert. Trotzdem war ich etwas verblüfft, daß es keiner auch nur in Erwägung zog, die Rückkehr in das alte Leben nicht unbedingt als den bestmöglichen Ausgang meines Unfalls zu betrachten.

Niemand schrieb: „Nicht für bereit erachtet worden zu sein, zur Vollendung im Herrn zu gelangen, muß für Dich eine Enttäuschung gewesen sein, hast Du doch dem Herrn Dein Leben gewidmet. Aber als Dein Reisegefährte heiße ich Dich wieder im Lebenskampf willkommen."

Die unzähligen liturgischen Texte, die von unserer Ungeduld auf das Leben mit Gott in ewiger Freude und ewigem Frieden sprechen, drücken offensichtlich nicht aus, wonach wir tatsächlich verlangen: das Leben auf dieser Erde, so schmerzlich und unglücklich es auch sein mag, scheint meinen Freunden anziehender zu sein als die Erfüllung der Verheißungen Gottes nach unserem Tod.

Ich sage das ohne jeden Zynismus und weiß nur zu gut, daß ich mich von meinen Freunden nicht unterscheide. Aber nachdem ich schon einen flüchtigen Blick hinter den Spiegel des Lebens werfen konnte, frage ich mich jetzt, ob unser begieriges Festhalten an diesem Leben nicht den Schluß nahelegt, daß wir den Kontakt zu einem wesentlichen Glaubenssatz verloren haben: dem Glauben an das ewige Leben.

All diese Erwägungen helfen mir dabei, die wahre Bedeutung meiner Rückkehr in dieses Leben zu erfassen. Immer weiter denke ich darüber nach, ob mir nicht ein paar zusätzliche Jahre gewährt wurden, um von der anderen Seite her zu leben. Theologie bedeutet, aus Gottes Perspektive die Welt zu betrachten. Vielleicht wurde mir die Gelegenheit geschenkt, jetzt theologischer zu leben und anderen zu helfen, dasselbe zu tun, ohne erst vom Außenspiegel eines vorbeifahrenden Lieferwagens getroffen zu werden.

Wie meine Gesundheit allmählich wieder hergestellt ist, entdecke ich, daß das Dilemma des heiligen Paulus – Christus durch das Leben oder durch den Tod zu rühmen – mein eigenes Dilemma geworden ist. Die Spannung, die von diesem Dilemma ausgeht, gehört zur Grundlage meines Lebens. Paulus schreibt:

„Denn für mich ist Christus Leben und Sterben Gewinn. Wenn ich aber weiterleben soll, bedeutet das für mich fruchtbare Arbeit. Was soll ich wählen? Ich weiß es nicht. Es zieht mich nach beiden Seiten: Ich sehne mich danach, aufzubrechen und bei Christus zu sein – um wieviel besser wäre das! Aber euretwegen ist es notwendiger, daß ich am Leben bleibe. Im Vertrauen darauf weiß ich, daß ich bleiben und bei euch allen ausharren werde, um euch im Glauben zu fördern und zu erfreuen, damit ihr euch in Christus Jesus um so mehr meiner rühmen könnt, wenn ich wieder zu euch komme" (Philipperbrief 1,21–26).

Indem ich ins normale Leben zurückkehre, bete ich darum, daß diese Worte des Apostels Paulus mich immer begleiten mögen. Da ich die Einsicht gewonnen habe, daß mein Tod ein Geschenk für andere gewesen sein könnte, weiß ich jetzt, daß die Lebensjahre, die ich noch vor mir habe, in gleicher Weise ein Geschenk sind, weil beides, Leben und Sterben, ihre wahre Bedeutung in der Ehre

Jesu Christi finden. Deshalb gibt es keinen Grund, darüber beunruhigt zu sein.

Christus, der Auferstandene, ist der Herr des Lebens wie auch des Todes. Ihm gehört aller Ruhm, alle Ehre und alles Lob. Es mag sein, daß der Rückspiegel des vorbeifahrenden Lieferwagens mich getroffen hat, um mich eben daran zu erinnern.

Epilog

Es sind schon einige Monate vergangen, seit ich meine Erfahrungen an der Pforte des Todes niederschrieb. Blicke ich heute darauf zurück und stelle fest, daß ich wieder ganz in die vielfältigen Erfordernisse des täglichen Lebens verstrickt bin, muß ich mich fragen: „Wie kann ich für mich bewahren, was ich gelernt habe?"

Erst vor kurzem sagte mir jemand: „Als Du krank warst, ruhtest Du ganz in Dir selbst. Die vielen Menschen, die Dich besuchten, spürten, wie wirklich Friede von Dir ausging; aber seit Du wieder gesund bist und Dich Deine vielen Tätigkeiten aufs Neue in Anspruch nehmen, ist von Deiner alten Unruhe und Angst vieles wieder da."

Ich muß mir diese Worte sehr zu Herzen nehmen. Vermag mich dieser flüchtige Blick hinter den „Spiegel des Jenseits" – so real und beeindruckend er war – mich auf Gott als meine Mitte ausgerichtet zu halten, wenn sich die Anforderungen unserer hektischen Gesellschaft wieder vordringlich bemerkbar machen? Kann ich dem, was ich im

Krankenhaus als Wahrheit erfahren habe, bleibenden Bestand geben?

Auf den ersten Blick scheint dies unmöglich zu sein. Wie kann ich weiter an die einigende und erneuernde Kraft der Liebe Gottes glauben, wenn ich weithin nur Trennung und Zerstückelung erfahre?

Die Welt, in der ich heute lebe, scheint kein fruchtbarer Boden mehr zu sein, in dem das Samenkorn der Gnade aufgehen, wachsen und Frucht bringen kann.

Wenn ich die vielen Bulldozer betrachte, die ein paar hundert Meter von mir entfernt das fruchtbare Ackerland verwüsten, um die Bauplätze für all die vielen Häuser vorzubereiten, die an dieser Stelle bald einmal wie Autos auf einem Parkplatz eng aneinander gereiht stehen werden, weiß ich, daß Einsamkeit, Stille und Gebet zusammen mit den Rehen und Hasen von hier geflohen sind.

Wettbewerb, Ehrgeiz, Rivalität und ein ungeheures Verlangen nach Macht und Ansehen scheint sich überall breit zu machen. Meine Nische in der Intensivstation und mein Bett im fünften Stock des York-Central-Hospital erscheinen mir, verglichen mit dem chaotischen Durcheinander eines Neubaugebietes am Rande der Stadt, wie sichere heilige Orte der Geborgenheit.

Aber da gibt es auch meine eigene Gemeinschaft behinderter Menschen und ihrer Helfer. Was ist mit ihnen? Irgendwie bin ich davon überzeugt, daß sie das Unmögliche möglich machen können. Deshalb nämlich, weil unsere Gemeinschaft mitten in dieser machthungrigen Umgebung für so viel Schwäche und Verletzlichkeit einen Platz hat, daß Gott uns weiterhin an die Liebe erinnert, die mir an der Pforte des Todes gezeigt wurde.

Eine der Erfahrungen, die mir während der letzten Wochen im Krankenhaus den stärksten Lebensimpuls gaben, waren die Besuche meines Vaters, meiner Schwester, der Freunde und Mitglieder meiner Gemeinschaft. Sie hatten Zeit übrig. Sie konnten an meinem Bett sitzen und einfach da sein. Besonders die am meisten Behinderten standen mir sehr bei. Adam, Tracy und Hsi-Fu kamen in ihren Rollstühlen. Sie sagten nichts, waren aber da, als wollten sie mich daran erinnern, daß ich ebenso geliebt bin, wie sie es sind. Sie schienen mir sagen zu wollen, daß meine Erfahrung an der Pforte des Todes eine Wirklichkeit war, auf die ich vertrauen könne. Durch ihr stilles Bei-mir-Sein gaben sie mir zu verstehen, daß sie mir helfen würden, dieser Erfahrung treu zu bleiben.

Als mich Hsi-Fu besuchte, schaukelte er in seinem Rollstuhl heftig hin und her, und als ich ihn an mich drückte, bedeckte er mein Gesicht mit Küssen.

In ihm schloß sich der Kreis wieder, der an einem Wintermorgen mit Glatteis seinen Anfang genommen hatte: ich wolle zu Hsi-Fu gehen, doch am Ende war er es, der zu mir kam, so als wollte er mir sagen: „Mach Dir keine Sorgen, ich bin gebadet worden, aber bleib nur bei mir, damit Du nicht vergißt, was Du in Deinem Bett gelernt hast."

Ich habe viel von dem Frieden und der Freiheit verloren, die mir im Krankenhaus gegeben wurden. Ich bedauere das, ja es schmerzt mich.

Rasch haben sich wieder die vielen Menschen eingestellt, die vielen Vorhaben, Verpflichtungen und damit der Zustand, nie genug Zeit und Spielräume zu haben, um alles tun und sich zufrieden fühlen zu können. Ich habe nicht mehr diese klare Sicht und stehe nicht mehr so in mir wie in der Zeit meiner Krankheit. Ich wünsche, es wäre wieder so und sehne mich danach. Es ist eine Sehnsucht, die ich mit vielen Menschen, die von ihren Beschäftigungen gefangen genommen sind, teile.

Weil sie sich nicht unter Beweis zu stellen haben, nichts erreichen müssen, sind mir Hsi-Fu und all die schwachen und gebrochenen Menschen unserer Welt geschenkt, mich immer und immer wieder zu dem Ort der Wahrheit zurückzurufen, den ich bereits kennenlernen durfte. Sie müssen keine Erfolge erringen, brauchen nicht auf ihre Karriere zu achten und auch keine Einbußen ihres Rufs zu befürchten. Sie sind gleichsam immer „auf der Intensiv-Station", immer abhängig, stehen immer an der Pforte des Todes. Sie können mich wieder mit dem Ort in mir in Berührung bringen und mich in seiner Nähe halten, an dem ich wie sie bin: schwach, gebrochen und ganz und gar abhängig.

Es ist der Ort der wahren Armut, an dem Gott mich selig nennt und mir sagt: „Hab keine Angst! Du bist mein geliebtes Kind, an dem ich Gefallen gefunden habe."

Immer wieder werde ich an die Worte Jesu an seine Jünger erinnert: „Wenn ihr nicht umkehrt und wie die Kinder werdet, könnt ihr nicht in das Himmelreich kommen" (Matthäusevangelium 18,2f).

Es ist mir klar, daß mich der Unfall wenigstens für eine gewisse Zeit zum kleinen Kind werden ließ und mir einen Vorgeschmack vom Königreich Gottes gegeben hat. Nun sind alle Versuchungen, dieses Kindsein aufzugeben, wieder da. Ich wundere mich nicht darüber, daß einige meiner Freunde meinen, ich hatte mehr zu geben, als ich krank war, als jetzt, da ich wieder gesund bin.

Trotzdem kann ich nicht die Hände in den Schoß legen und warten, bis der nächste Unfall passiert, der mich wieder auf das Königreich Gottes hinweist. Ich muß einfach mit offenen Augen in die Welt schauen, in die ich hineingestellt bin, um die Menschen zu entdecken, die mir immer und immer wieder helfen können, ein Kind zu werden. Ich bin mir ganz sicher, daß mein Unfall nichts anderes bedeutete, als mich ganz einfach daran zu erinnern, wer ich bin und wozu ich berufen bin zu werden.

Dank

Bei der Ausarbeitung dieser „Geschichte eines Unfalls“ habe ich tatkräftige Unterstützung und Hilfe erfahren. So sorgte Connie Ellis als Sekretärin in bewährter Weise für die Manuskriptfassung, Conrad Wieczorek und Phil Zaeder machten sich durch ihre engagierte verlegerische Betreuung dieses Buches verdient. Ihnen allen spreche ich meinen aufrichtigen Dank aus.

Leben lernen aus der Erfahrung des Todes

Henri J. M. Nouwen
Sterben, um zu leben
Abschied von meiner Mutter

4. Auflage, 128 Seiten, Paperback
ISBN 3-451-19857-6

„H. Nouwen beschreibt mit dem Tod seiner Mutter den Inhalt christlicher Hoffnung – unsentimental und zutiefst getroffen. Diese Geschichte wird zur Geschichte aller. Ein Buch, das nicht vertröstet, sondern tröstet" *(Der Rufer).*

„Henri Nouwen zeigt auf, daß es darauf ankommt, im unausweichlichen Geschehen des Todes das Leben neu zu lernen und zu erkennen, daß der Tod nicht nur Schmerz, sondern auch Heilung bringen kann und die Erfahrung, ‚nicht nur etwas verloren, sondern auch etwas gefunden und neu entdeckt zu haben'" *(Welt in Christus).*

„Hier liegt ein Buch vor, wie selten eins geschrieben wird" *(Deutsche Tagespost, Würzburg).*

Verlag Herder Freiburg · Basel · Wien

Zeuge geistlichen Ringens um den Weg mit Gott

Henri J. M. Nouwen
Nachts bricht der Tag an
Tagebuch eines geistlichen Lebens
2. Auflage, 272 Seiten, Paperback
ISBN 3-451-21443-1

„Henri J. M. Nouwen ist einer der meistgelesenen geistlichen Schriftsteller der Gegenwart. In seinen Tagebuchaufzeichnungen wird der Leser Zeuge eines geistlichen Ringens um den Weg mit Gott. In den Beobachtungen, Begegnungen, Erlebnissen, Reflexionen von Tag zu Tag geht es darum, Gott in allen Dingen zu finden. So kann der Leser Einsicht und Mut für seinen eigenen Weg schöpfen" *(Kath. Sonntagsblatt, Würzburg).*

Verlag Herder Freiburg · Basel · Wien